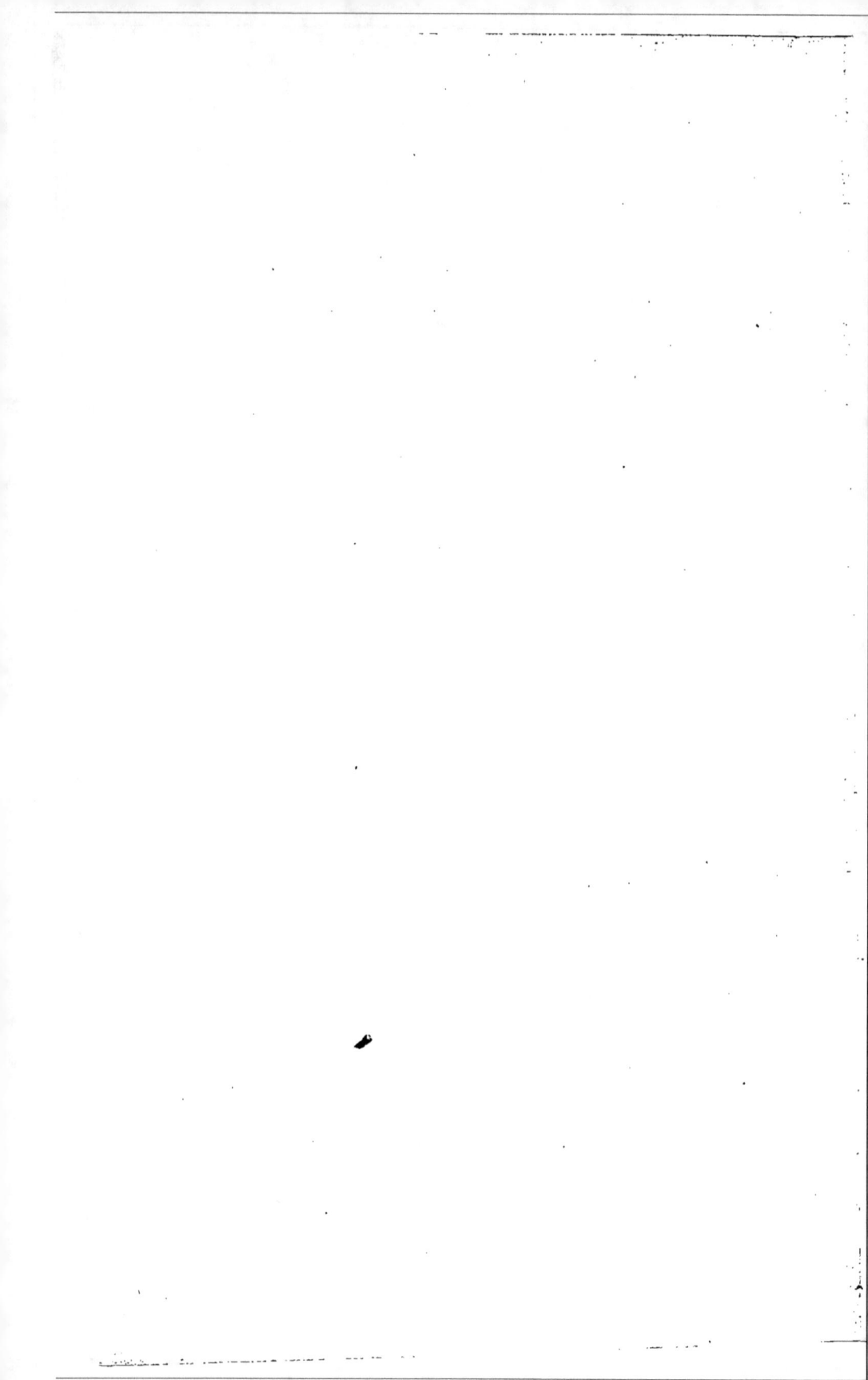

ACADÉMIE DES SCIENCES, DES LETTRES ET DES ARTS D'AMIENS

AMBROISE PARÉ

CHIRURGIEN D'ARMÉE.

DISCOURS DE RÉCEPTION

Du Dr A. FAUCON,

Membre titulaire de l'Académie d'Amiens,
Membre correspondant de la Société de chirurgie de Paris,
Professeur-suppléant de chirurgie et d'accouchements
à l'École de Médecine,
Ex-chirurgien attaché aux hôpitaux militaires de Paris et aux
ambulances des armées,
Lauréat de la Faculté de Médecine de Strasbourg,
de l'École du Val-de-Grâce et de l'Académie de Médecine de Paris,
Membre du Conseil départemental d'hygiène publique,
Chevalier de la Légion d'honneur.

AMIENS
TYPOGRAPHIE H. YVERT
RUE DES TROIS-CAILLOUX, 64
—
1876

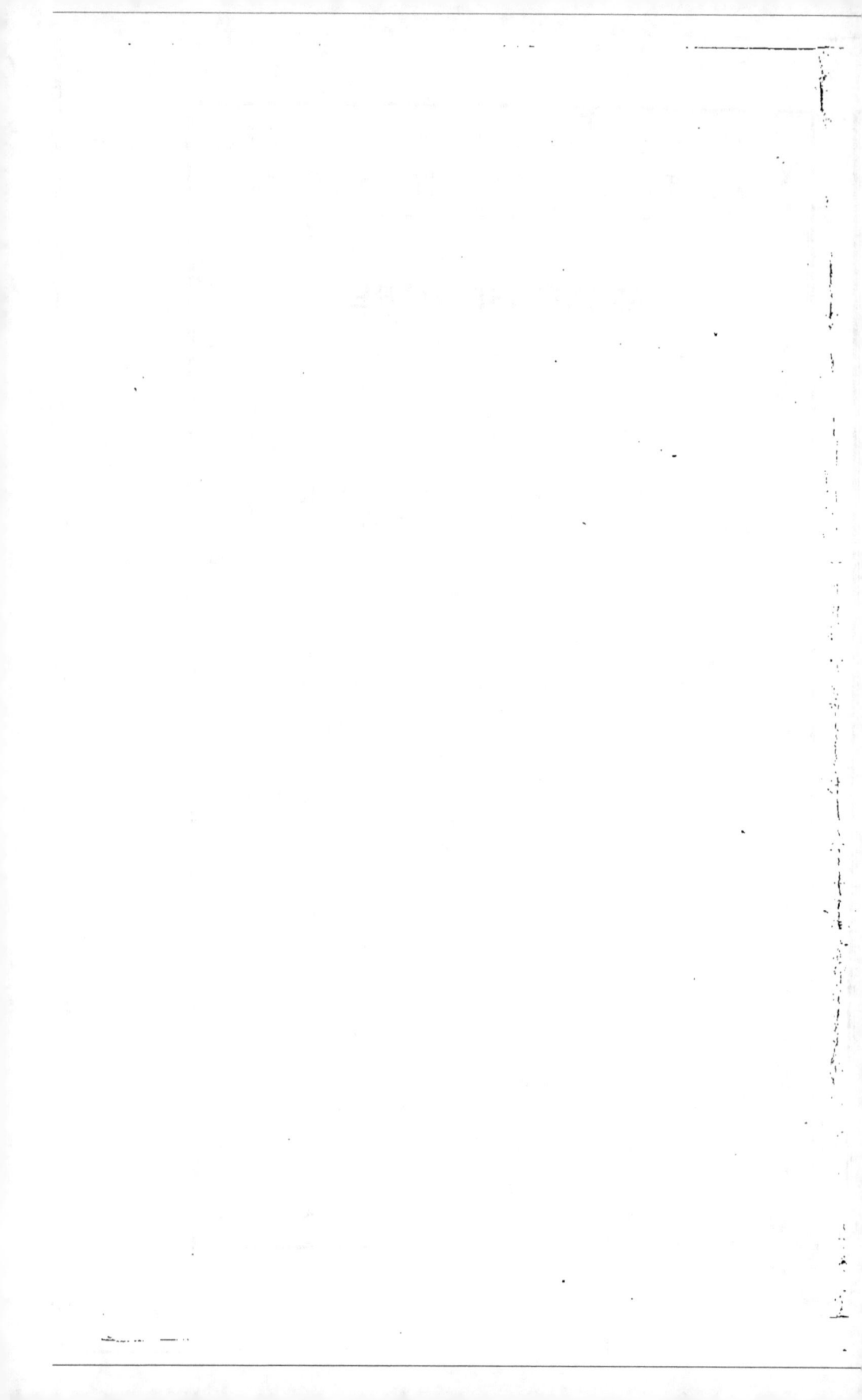

ACADÉMIE DES SCIENCES, DES LETTRES ET DES ARTS D'AMIENS

AMBROISE PARÉ

CHIRURGIEN D'ARMÉE

DISCOURS DE RÉCEPTION

Du Dr A. FAUCON,

Membre titulaire de l'Académie d'Amiens,
Membre correspondant de la Société de chirurgie de Paris,
Professeur-suppléant de chirurgie et d'accouchements
à l'École de Médecine,
Ex-chirurgien attaché aux hôpitaux militaires de Paris et aux
ambulances des armées,
Lauréat de la Faculté de Médecine de Strasbourg,
de l'École du Val-de-Grâce et de l'Académie de Médecine de Paris,
Membre du Conseil départemental d'hygiène publique,
Chevalier de la Légion d'honneur.

———+›››✕‹‹‹•———

AMIENS
TYPOGRAPHIE H. YVERT
RUE DES TROIS-CAILLOUX, 64
—
1876

I

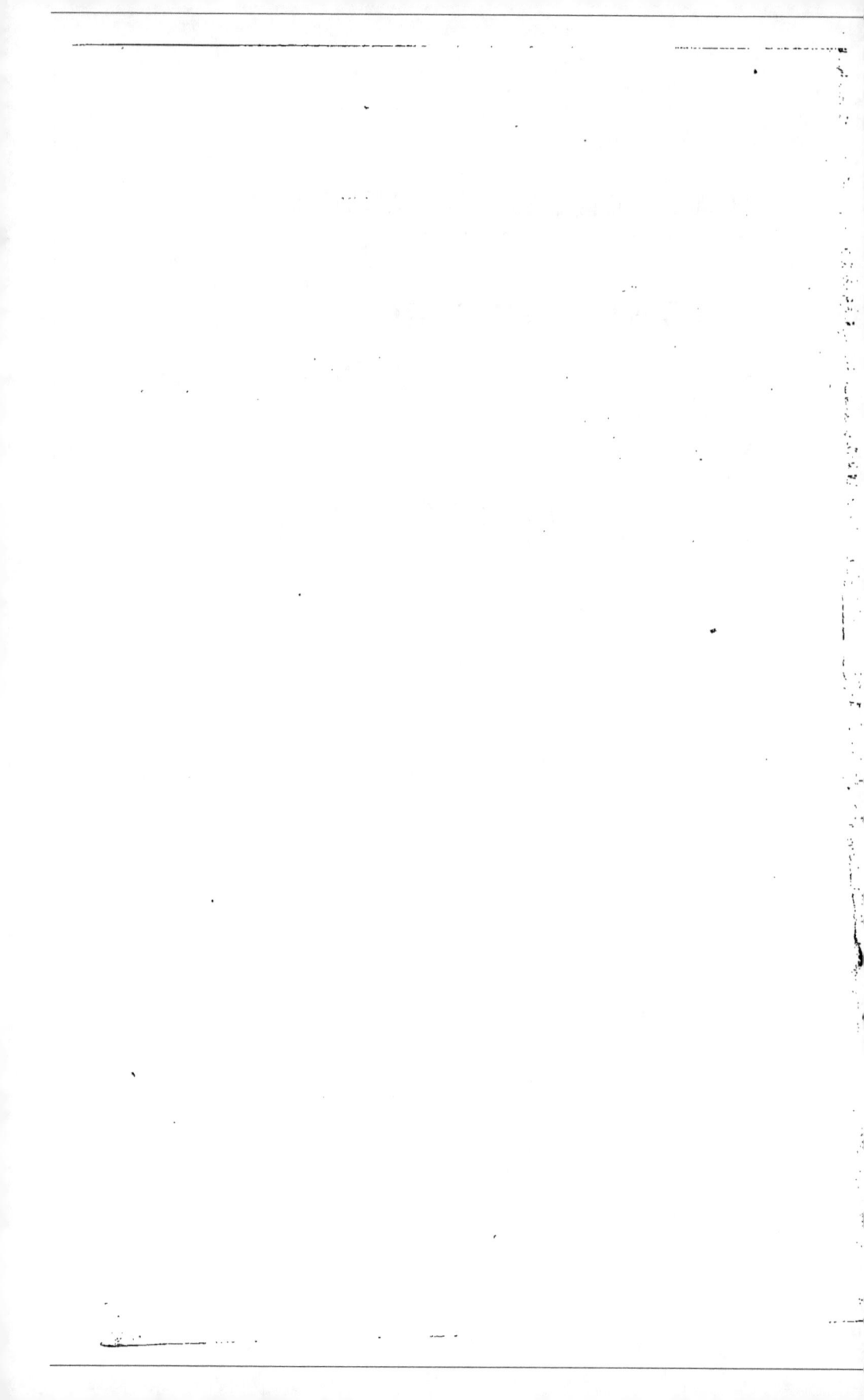

AMBROISE PARÉ

Chirurgien d'armée

DISCOURS DE RÉCEPTION

De M. le Docteur A. FAUCON.

(Séance du 14 Avril 1876).

MESSIEURS,

En arrivant à la fin de 1872, dans cette ville où pas un visage ne m'était connu, j'étais loin de prévoir qu'à si bref délai je prendrais la parole dans cette enceinte, pour remercier l'Académie d'Amiens de l'honneur qu'elle a bien voulu me faire en m'associant à ses travaux.

Cet honneur, je le dois avant tout à l'amitié des membres de votre Compagnie que le hasard m'a fait connaître, et qui m'ont signalé à votre bienveillante attention ; mais je n'ignore pas combien, malgré leur appui, mes modestes titres à votre choix eussent eu peu de chances d'être agréés, si je

n'avais eu l'avantage d'appartenir à une corpo-
ration à laquelle, de tout temps, l'Académie
d'Amiens s'est plue à ouvrir largement ses portes.

Quelque part qu'il se dirige, en effet, mon
regard rencontre des confrères au milieu de vous.

Je me suis demandé la cause de ce fait qui m'a
profondément frappé.

Sans nul doute, les rapports qui unissent la
médecine à la plupart des sciences, ainsi qu'un de
nos collègues vous l'a montré en d'excellents
termes (1), les inappréciables avantages que le
médecin retire de la culture des lettres, tant
pour les jouissances intimes qu'elles lui procurent
que pour la faveur qu'elles lui ménagent de la
part des esprits éclairés ; la nécessité pour lui
d'être artiste à son heure — et, pour le dire en
passant, quel art à la fois plus difficile et plus
grandiose, que celui qui a pour mission de lutter,
souvent en désespéré, contre ces deux mauvais
génies de l'humanité, qui ont noms : la maladie et
la mort ? — tout conspire à marquer le front du
médecin du signe auquel une Académie des sciences,
des lettres et des arts reconnaît ses fils adoptifs.

Mais comment expliquer, comment justifier la
propension de l'Académie à nous octroyer si
libéralement ses faveurs ?

Permettez-moi, Messieurs, de vous en dire mon
sentiment au risque de blesser la modestie des

(1) Dr Peulevé, Discours de réception, Mémoires de l'Académie, 2e série, t. X, p. 381.

honorables confrères qui ont avant moi obtenu vos suffrages : la vraie, la seule raison de cette exceptionnelle prédilection pour le corps médical, c'est la haute estime en laquelle vous le tenez.

Vous avez vu mes collègues à l'œuvre dans ces moments difficiles et périlleux dont le souvenir reste ineffaçable.

Vous savez qu'ils ont bien mérité de la Cité pendant l'épidémie qui vous a frappés, et lors des douloureuses épreuves de la guerre ; et, tout en honorant les hommes d'étude , vous avez aussi toujours eu l'attention de récompenser les nobles cœurs.

C'est là, ce me semble, tout le secret de votre faible pour vos médecins : je crois, en le proclamant, n'être que l'interprète de vos sentiments intimes ; et, quoiqu'arrivé après eux, il a suffi que je fusse des leurs pour que vous me fissiez un accueil dont je leur reconnais tout l'honneur.

Aussi, Messieurs, l'expression de ma gratitude envers vous tous ne serait pas complète, si je ne saisissais cette occasion de promettre solennellement à ces confrères qui ont su se placer si haut dans l'estime de tous, et à vous qui les avez si bien jugés, que si jamais, ce qu'à Dieu ne plaise, les jours d'épreuve et de deuil reparaissaient, ils pourraient compter sur mon concours le plus entier, et de les assurer que pour moi ne seraient pas lettre morte les exemples qu'ils ont laissés, et qui feront la gloire immortelle du corps médical d'Amiens.

Du reste, l'accueil hospitalier que j'ai reçu partout et de tous dans cette ville me le commanderait impérieusement, à défaut du devoir professionnel qui nous oblige jusqu'à la mort.

En prenant, pour la première fois, la parole au milieu de vous, je ne vous étonnerai pas, Messieurs, si, fidèle aux préoccupations de toutes les heures de ma vie, je vous invite à faire avec moi une excursion dans le domaine qui m'est le plus familier.

Les sujets ne font pas défaut, et je pourrais espérer captiver votre attention en vous parlant de quelques-unes des conquêtes récentes de la Médecine ; mais comme les sciences et les arts ne vivent pas tout entiers dans le présent, je vous demande la permission de vous ramener pour un instant en arrière, et de vous parler d'un homme qui fut au seizième siècle l'honneur à la fois de notre pays et de la science chirurgicale : j'ai nommé *Ambroise Paré.*

Je ne suis pas orateur, et n'ai pas la prétention d'élever à ce grand homme un monument littéraire digne de lui ; d'autres l'ont essayé avant moi, et Malgaigne, l'un de nos célèbres chirurgiens contemporains, a traité ce sujet de main de maître (1).

Ce que je tenterai pour ma part, et je crois l'entreprise nouvelle, ce sera de mettre en relief

(1) Voir l'introduction aux œuvres d'Ambr. Paré. Édition Malgaigne. Paris 1840.

un des côtés de cette noble figure, en vous montrant ce que fut Paré comme *chirurgien d'armée*.

Vous comprendrez que cette tâche ait dû me sourire ; elle me sera singulièrement facilitée par les mémoires que mon héros a laissés sur sa pratique chirurgicale aux armées. Ce n'est pas un portrait que je vous dédie ; le portrait peut égarer la main d'un artiste entraîné par ses propres conceptions : ce sera, si j'ose hasarder cette comparaison, une photographie ; grâce aux œuvres de Paré, je n'aurai qu'à vous le montrer tel qu'il se présentera à mon objectif. Si l'image a ses défauts, vous voudrez bien accuser et excuser mon inexpérience, en vous rappelant cette parole de La Bruyère, dont j'invoque le patronage : « On peut exiger beaucoup de celui qui devient auteur pour acquérir de la gloire ou par un motif d'intérêt ; mais celui qui n'écrit que pour satisfaire à un devoir dont il ne peut se dispenser, à une obligation qui lui est imposée, a sans doute de grands droits à l'indulgence de ses lecteurs. »

Ambroise Paré naquit à Laval en 1517 ; son père était coffretier ; outre son fils Ambroise, il en avait deux autres et une fille. L'humilité de sa position ne lui permit de soigner ni l'instruction, ni l'éducation de ses enfants ; et quoique nous trouvions des citations latines dans les œuvres de Paré, il paraît aujourd'hui avéré qu'il n'en comprenait que la traduction. Ce n'est pas en faisant la barbe aux pratiques du barbier chez lequel il avait été placé comme apprenti, qu'il avait pu se livrer à l'étude des lettres.

Et pourtant, cet homme de si basse extraction, sans lettres, ni sciences, nous le retrouvons à quelques années de là, conseiller et premier chirurgien du Roi, et, ce qui est mieux encore, le premier chirurgien de la France et de l'Europe.

Pour nous expliquer l'origine de cette merveilleuse carrière, il faut, avant tout, jeter un coup-d'œil sur ce qu'était à cette époque l'organisation du service de santé militaire. Car c'est à la chirurgie militaire que Paré doit ses principaux titres de gloire : ce sont ses succès chirurgicaux aux armées qui lui firent le plus d'honneur auprès de ses contemporains, et qui décidèrent de sa brillante fortune.

L'organisation militaire n'était point au seizième siècle ce qu'elle est aujourd'hui. Tandis que de nos jours ce sont les fils d'une même patrie qui combattent sous le même drapeau, vers l'an 1500 les corps de troupes offraient un mélange hétérogène dans lequel foisonnaient les mercenaires de tous pays, mettant leur vie au service des princes qui leur offraient la plus forte solde ou le plus de chances de pillage. Et vous devez bien penser, Messieurs, combien était mince la sollicitude des chefs pour de pareils soldats. Paré nous en donne la preuve dans la relation qu'il nous a laissée du siége de Metz par Charles-Quint. L'armée impériale, campée autour de la ville, était

décimée par les maladies ; le duc d'Albe, général
en chef, croit devoir appeler sur ce fait l'attention
de l'Empereur.

Ce dernier, apprenant que la mortalité sévissait
surtout sur les « pauures soldats » et non sur
les « gentilshommes et hommes de remarque, »
se borne à dire « que s'ils estoient gens de bien,
« ils ne seroient en son camp pour six liures par
« mois, et partant qu'il n'y auoit nul danger qu'ils
« mourussent (1). »

Peut-on marquer en traits plus saisissants le
peu de valeur qu'on attachait alors à la vie du
soldat ?

Ce fut pourtant à cette époque que parurent les
premiers chirurgiens militaires proprement dits.

Les documents précis nous manquent sur les
premiers âges de la chirurgie d'armée. Nous
savons pourtant que ce fut Jean Pitard, chirurgien
de Louis IX, qui le premier organisa un corps
médical, composé en grande partie de religieux,
pour la croisade qu'entreprit ce saint roi (2). Nous
savons encore que, le premier, Charles-le-Témé-
raire s'avisa d'attacher un chirurgien à chaque
compagnie de 800 hommes dans ses troupes.

« Les armées, dit Malgaigne dans sa remar-
« quable *Introduction aux Œuvres d'A. Paré*,
« n'étaient point alors constituées comme de nos

(1) OEuvres complètes d'Ambr. Paré (Édition Malgaigne),
t. III, p. 704 et 705.
(2) Didiot, Code des officiers de santé des armées, p. 4,

« jours : chaque capitaine , grand seigneur ou
« condottiere, avait sa compagnie qui lui appar-
« tenait en propre, qu'il recrutait et organisait à
« son gré, et quand il songeait à se procurer un
« chirurgien, le chirurgien était encore attaché à
« sa personne et non à sa compagnie (1). »

L'histoire a conservé les noms de quelques
chirurgiens des treizième, quatorzième et quinzième
siècles, qui suivirent sur les champs de bataille les
souverains au service desquels leurs talents les
avaient appelés (2) ; mais à part les chirurgiens
propres des rois, on ne comptait parmi les autres
que des noms souvent très-obscurs.

« Aucun des chirurgiens de Saint Côme, si bien
« placés sous le rapport de la pratique, n'aurait
« abandonné sa riche clientèle pour courir la
« campagne aux ordres même d'un grand sei-
« gneur ; et les barbiers de Paris ou de la
« province recueillaient seuls cette large part du
« domaine chirurgical (3). »

Il n'en est pas moins vrai qu'à l'époque dont
nous parlons, le service médico-chirurgical avait
une certaine organisation. Comment fonctionnait-
il ? Quels étaient les services rendus ? C'est ce
qu'il est bien difficile de préciser.

(1) OEuvres complètes, etc. Introduction, p. CLXVIII.
(2) Voir ces noms dans Didiot, loc. cit. p 4, et Morache,
Dictionnaire encyclopédique des sciences médicales, article
Service de santé militaire, 2ᵉ série, t. VII, 1ʳᵉ partie.
(3) Malgaigne, loc. cit p. CLXVII.

Ce qu'il est permis de croire, d'après les documents historiques (1), c'est que les blessés de
haut lignage étaient accueillis dans les châteaux
où ils étaient soignés par leurs propres chirurgiens
ou ceux de l'armée ennemie. Les relations de Paré
ne laissent aucun doute à cet égard. Quant aux
simples combattants, les uns se réfugiaient dans
les Hôtels-Dieu ou autres maisons de charité où ils
recevaient les soins des frères chirurgiens, les
autres se faisaient panser par qui et comme ils
pouvaient. Tantôt ils se rendaient près d'un grand
personnage blessé « estant bien asseurés qu'il
« aurait de bons chirurgiens pour le penser (2) ; »
tantôt ils s'abandonnaient aux soins de charlatans,
de moines mendiants, de femmes même qui sui-
vaient les armées et qui vendaient aux blessés
quelque merveilleuse pommade, quelque boisson
secrète, ou même des recettes guérissant par
pouvoir magique (3). Parfois même, tant était
déplorable l'abandon dans lequel on les laissait,
ils imploraient à prix d'or les soins du chirurgien (4).

Tel était le sort réservé aux blessés dont on
pouvait espérer la guérison ; mais, si triste qu'il
puisse vous paraître, il n'était pas comparable
à celui qui attendait les malheureux dont on consi-

(1) Morache ; loc. cit.
(2) Œuvres complètes, etc., t. III, p. 703.
(3) Didiot, loc cit., p. 4.
(4) Œuvres complètes, etc., t. III, p. 695.

dérait l'état comme désespéré ; ceci touche à l'horrible, mais c'est de l'histoire.

Paré nous dit d'un blessé que son capitaine, estimant qu'il ne pouvait guérir, afin de lui éviter d'être massacré par l'ennemi, fit creuser une fosse, et « le vouloit faire ietter dedans (1). »

Une autre fois, c'est un vieux soldat qui coupe la gorge « doucement et sans cholère (2) » à des camarades grièvement blessés.

Que vous dirai-je encore ? L'armée française assiégeait, en 1563, le Havre-de-Grâce, et pendant qu'on faisait les approches pour asseoir l'artillerie, les Anglais blessèrent plusieurs des soldats et pionniers qui gabionnaient ; leurs compagnons les dépouillèrent et les jetèrent encore vivants dans les gabions, leur faisant faire l'office de remplissage (3).

De pareils faits se représentent assez souvent dans les récits de Paré, pour nous laisser croire qu'ils étaient monnaie courante aux armées de son temps.

C'est en 1536, alors que Charles-Quint avait envahi la Provence, que nous voyons, pour la première fois, A. Paré suivre les armées en campagne ; il partit en qualité de chirurgien du maréchal de Monte-Jean, colonel - général de l'infanterie française. M. de Monte-Jean était

(1) OEuvres complètes, etc., t. III, p. 697.
(2) Ibid., p. 690.
(3) Ibid,, p. 722,

— 13 —

allié, par sa femme, à la famille des Chateaubriand,
alors très-puissante en Bretagne.

C'est probablement, ainsi que le suppose Malgaigne, à des relations de famille et de pays que
notre chirurgien dût cette position , déjà bien
élevée pour son âge, car il n'avait que 19 ans.

Pourtant, s'il n'était encore qu'un inconnu à
cette époque, il n'était pas sans valeur. Le barbier,
sans doute, avait été son premier maître ; sans
doute, son bagage scientifique se bornait à quelques
leçons qu'il avait entendu professer sur la chirurgie
de Guy de Chauliac, à quelques lectures qu'il avait
faites, ainsi qu'il nous l'apprend (1), d'une traduction française de la chirurgie de Jean de Vigo,
l'auteur alors en réputation.

Mais la fortune, qui le réservait pour de si
grandes choses, lui avait facilité son éducation
chirurgicale ; et déjà il pouvait affirmer, comme il
le dit plus tard, que ce qu'il savait il l'avait appris
au lit du malade et « non par les liures. » (2) Par
suite de circonstances qu'il ne nous fait pas
connaître , il avait été admis à l'Hôtel-Dieu de
Paris en qualité d'élève pour faire les pansements,
emploi qui paraît correspondre au titre actuel
d'interne des hôpitaux. Il semble bien ne pas y
avoir perdu son temps, puisque, plus tard, ce fut
pour lui un titre de gloire qu'il invoqua bien des
fois.

(1) OEuvres complètes, etc., t. III, p. 691.
(2) Id. p. 691.

Il est certain même qu'il y pratiqua parfois des opérations plus ou moins importantes.

Néanmoins la situation de Paré au début de ses campagnes témoigne de la difficulté du recrutement des chirurgiens d'armée, puisqu'un maréchal était forcé de se contenter d'un jeune barbier pour son chirurgien ordinaire.

Ce poste accepté dans l'armée n'enchaînait pas la liberté du chirurgien ; à la mort du maréchal de Monte-Jean, Paré refusa de suivre le maréchal d'Annebaut qui prit le commandement, et qui lui offrait une faveur égale et même plus grande.

A sa seconde campagne, en 1542, nous le retrouvons attaché, en qualité de chirurgien, à la compagnie de M. de Rohan, grand seigneur de Bretagne, comme M. de Monte-Jean. Sa réputation grandissait, et les hauts personnages de son pays ambitionnaient ses services. Cette réputation, du reste, était grandement méritée, ainsi que j'aurai l'occasion de vous le démontrer.

Il accompagna M. de Rohan dans diverses expéditions, notamment celles de 1551, où les évêchés de Metz, de Toul et de Verdun furent ralliés à la couronne de France, et celle du Luxembourg ; ses services y furent tellement appréciés, qu'en 1552, M. de Vendôme, depuis roi de Navarre, le demanda comme chirurgien pour la campagne de Picardie.

Paré était alors marié ; et une indisposition de sa femme faillit l'empêcher de profiter de l'occasion qui lui était offerte. Je vous demande la permission

de vous citer entièrement le passage qui a trait à
ce point ; il jette un jour piquant sur les difficultés
de recrutement que je vous ai signalées : « Estant
« là, dit-il, me pria (le roy de Navarre) de le
« vouloir suiure à ce voyage, et voulant faire mes
« excuses, disant que ma femme étoit au lit
« malade, me fit response qu'il y auoit des Méde-
« cins à Paris pour la traiter, et qu'il laissoit bien
« la sienne, qui estoit d'aussi bonne maison que la
« mienne (1) ».

M. de Vendôme fut tellement satisfait de son
chirurgien, qu'il en fit au Roi, au retour de la campagne, un éloge des plus pompeux ; éloge que le
modeste Paré caractérise en ces termes : « Luy
« dist plus de bien de moy, qu'il n'y en auoit la
« moitié (2) ».

C'est à la suite de cet événement que le Roi
voulant lui « faire du bien, » l'attacha à son
service en qualité de *chirurgien ordinaire*.

A dater de cette époque ce fut toujours par
ordre du Roi que notre héros reprit la campagne,
et qu'il rendit les services les plus signalés au
siége de Metz (1552), à celui de Hesdin (1553), à
la suite duquel il put voir de ses yeux la ruine
complète de mon pays natal, la ville de Thérouanne,
qui venait d'être prise d'assaut et rasée par les
troupes de Charles-Quint (3), à la bataille de Saint-
Quentin (1557), à Amiens (1558), au siége de

(1) OEuvres complètes, etc. t. III, p. 699.
(2) Id., p. 700.
(3) Id., p. 720.

Rouen (1562), à la bataille de Dreux (1562), dans les Flandres, à la bataille de Saint-Denis (1567), et à la bataille de Montcontour (1569).

Tels sont les états de service d'Ambroise Paré, chirurgien militaire.

Rappelez-vous, Messieurs, l'histoire militaire de la France au seizième siècle, cette histoire toujours la même, hélas ! marquée par d'éclatants succès et d'effroyables revers, par des conquêtes glorieuses et l'envahissement du pays et, comme de nos jours, par des luttes intestines et la guerre civile ; vous jugerez alors, d'après l'énumération que je viens de faire, si jamais champ plus vaste fut ouvert à l'observation d'un chirurgien.

Je ne connais qu'un homme dont la carrière puisse être comparée à celle de Paré : c'est le baron Larrey, l'illustre chirurgien militaire des guerres de la Révolution et de l'Empire.

L'un et l'autre ont tenu entre leurs mains, pendant de longues années, le drapeau de la science et de l'humanité au milieu des horreurs de la guerre. Si Paré a, pour ainsi dire, créé la chirurgie d'armée, Larrey ne l'a-t-il pas organisée sur le champ de bataille ?

Ces deux hommes furent deux génies bienfaisants: et, par un heureux caprice du sort, c'est le même ciseau, celui de David d'Angers, qui leur a élevé à tous deux des statues, qu'on réserve trop souvent pour les destructeurs de l'humanité. Sur une des places de Laval et dans la cour du Val-de-Grâce à

Paris, vous pouvez voir se dresser ces statues, comme un témoignage de la reconnaissance de l'armée et du pays ; et si sur ces marbres, animés par le génie, la diversité des costumes marque la différence des temps, les emblèmes professionnels qui les décorent vous diront que la cause de l'humanité est celle de tous les siècles.

Vivre au milieu de la poudre, panser des blessures encore noircies par la fumée des combats, telle est la condition du chirurgien d'armée. Bien qu'à l'époque de Paré l'usage des armes à feu eût déjà fait de grands progrès, il n'était pas encore complètement généralisé, ainsi qu'en témoignent les préceptes de notre chirurgien au sujet des plaies faites par les flèches et les dards, et du traitement qui leur convient (1).

La chirurgie de l'époque pouvait apprécier les modifications qu'allait apporter, dans l'échelle de gravité des blessures, l'emploi des nouveaux engins ; aussi ne faut-il pas nous étonner des imprécations de Paré contre « l'usage de ceste diablerie, » ne faut-il pas nous surprendre des anathèmes qu'il lance contre « ces horribles monstres, ces furieuses bestes. » Il stigmatisera d'un mot, qui restera comme l'expression du vrai, tout cet arsenal : « misérable boutique, dit-il, et magasin de cruauté ! (2) »

Qu'eût-il donc pu dire, ce bon Paré, s'il eût

(1) OEuvres complètes, etc. t. II, p. 183 et suiv.
(2) Ibid., t. II, p. 122 et 126.

2

connu les terribles effets du fusil à aiguille, du canon Krupp, des mitrailleuses et des torpilles !

Combien son cœur n'eût-il pas saigné, s'il avait vu l'enthousiasme qui, de nos jours, accueille chaque nouvelle découverte de l'art de détruire les hommes, s'il en avait entendu, comme nous, célébrer les *merveilles,* alors que la voix de ceux qui réclament un développement parallèle des institutions qui sauvegardent la santé des troupes reste trop souvent sans écho !

Aussi se voua-t-il tout entier, pendant sa longue carrière, aux victimes de « ceste diablerie. »

Par ses cures extraordinaires, même pour notre époque, il appela l'attention des souverains sur les services que la chirurgie peut rendre en temps de guerre ; et, à ce titre (1), il peut être regardé comme le chef de cette grande famille de médecins des armées françaises, dont notre histoire militaire a conservé les noms avec un légitime orgueil, et à laquelle je me fais gloire d'avoir appartenu.

Assurément le souvenir des grandes choses qu'il avait faites était encore vivant, lorsque quelques années après sa mort, en 1597, sur les vœux et d'après les désirs exprès du roi Henri IV, le grand Sully organisait les premiers hôpitaux militaires, ici, sous les murs d'Amiens, pour le service de l'armée qui assiégeait la ville.

Aujourd'hui, Messieurs, la question du recrutement des chirurgiens militaires paraît remise en

(1) Morache, loc. cit.

jeu : et son importance ne saurait échapper à
qui que ce soit, à une époque où la réorganisation
générale des systèmes militaires laisse entrevoir,
pour les guerres futures, la mise sur pied d'un
nombre tel de soldats, qu'il n'en aura jamais été
parlé dans l'histoire.

Un moment l'on put croire cette question à
jamais résolue pour la France, par le système
inauguré en 1860, et qui organisait l'Ecole du
service de santé de Strasbourg. (1)

Cette école, à qui les critiques et même les
railleries n'ont pas manqué au début, avait fait ses
preuves : elle était arrivée, grâce au concours
dévoué des professeurs de la Faculté de médecine
de Strasbourg, à fournir un contingent suffisant
d'élèves, et une pépinière de médecins remarqua-
bles au point de vue de la valeur scientifique.

Elle n'a vécu que dix ans, et les succès qu'ont
obtenus ses sujets devant les Facultés, à l'Institut,
à l'Académie de médecine, à la Société de chirurgie
de Paris, ne se comptent plus : elle a fourni des
professeurs aux Facultés, au Val-de-Grâce, aux
Écoles de médecine secondaires, des correspon-
dants aux Sociétés savantes de Paris.

Malheureusement, cet édifice, si péniblement
construit par l'initiative du médecin-inspecteur
Michel Lévy, dont elle restera l'un des plus beaux
titres de gloire, s'est effondré dans les catastrophes
qui ont frappé notre malheureuse patrie ; et si la

(1) Morache, loco. cit.

Faculté de médecine de Strasbourg a trouvé un refuge à Nancy, l'École du service de santé militaire n'a pas vu relever ses ruines.

« Voilà, dirai-je avec Paré, le malheur qu'apportent les guerres (1).

Actuellement fonctionne un nouveau mode de recrutement pour le service de santé : c'est l'avenir qui le jugera d'après ses fruits.

Vous me pardonnerez, Messieurs, je l'espère, cette trop longue digression ; mais, étudiant ce qui s'est fait en France dans un passé déjà lointain, je n'ai pu me défendre de jeter un regard anxieux sur un avenir incertain, et j'ai dit mon avis sur une question que j'ai été à même d'étudier de près pendant plusieurs années.

Après avoir essayé de vous montrer ce qu'était le service chirurgical des troupes au seizième siècle, je voudrais pouvoir vous dire quelle était la situation propre du chirurgien dans l'armée. Sur ce point encore j'aurai le regret de n'être pas explicite : mais au moins vous saurez tout ce que Paré peut vous apprendre.

Il est un premier fait incontestable, c'est que parmi les gens de guerre, aussi bien que dans la pratique civile, les *chirurgiens* étaient considérés comme de caste inférieure à celle des *médecins*.

Cette infériorité s'explique par le délaissement dans lequel était tombée l'étude de la chirurgie à partir du quatorzième siècle.

(1) OEuvres complètes, t. III, p. 720.

Les docteurs en médecine, c'est-à-dire les lettrés, s'étaient peu à peu déshabitués des choses de la chirurgie : les grandes traditions s'étaient perdues, et, comme le dit Malgaigne, « les méde- « cins, redoutant de plus en plus le fer qu'ils avaient « désappris à manier, se renfermaient dans une « thérapeutique toute d'onguents et de recettes. « L'art restait donc entre les mains des chirur- « giens purs, empiriques ou gradués, et l'éducation « des uns et des autres, moins relevée que celle « des médecins, ne leur permit pas de les « suivre. » (1)

Il faut lire, pour se rendre compte de cette subalternisation de la chirurgie à la médecine, les pages intéressantes que Malgaigne a consacrées à l'étude de l'état de la chirurgie au commencement du seizième siècle, et l'on sera peu étonné du profond dédain qu'affectaient messieurs de la Faculté, non-seulement pour les *barbaudiers de village* et les *empiriques ambulants,* mais encore pour les chirurgiens qui exerçaient leur art dans les villes.

« Le chirurgien, est à l'égard du médecin, disait « malignement Riolan, ce qu'est le dentiste pour « le chirurgien. »

Paré lui-même, à l'apogée de sa gloire, s'effaçait devant ces redoutables maîtres ; il tenait comme un grand honneur d'être admis à leurs consulta- tions, recevait leurs avis avec déférence, et s'in- clinait devant eux, sauf parfois pour ce qui était

(1) Malgaigne, loc. cil. : p. CLXXIII.

du domaine exclusif de sa spécialité chirurgicale.

Et pourtant, combien n'est-il pas d'endroits de ses œuvres où cet ignorant, qui n'avait eu d'autre livre que le livre de la nature, nous apparaît plus médecin que ces doctes érudits, qui trop souvent prenaient, comme l'a si finement remarqué Molière plus tard, leurs grands mots pour de la science.

Nous ne le voyons entrer en lutte avec les docteurs qu'à la fin de sa carrière ; mais alors après avoir fait justice des inconcevables attaques que lui suscitaient leurs furieuses jalousies, il ose écrire que *pour son antiquité, nécessité, certitude et difficulté, la chirurgie outrepasse la médecine interne.*

Il existait, en outre, pour les chirurgiens entre eux, une hiérarchie définie : C'est ainsi que, d'après un extrait de l'*estat général de la maison du Roi pour 1587* (1), le service chirurgical était réparti d'après les grades suivants : *premier chirurgien, chirurgiens ordinaires, chirurgiens servant par quartier.*

Ceci dit sur les conditions de préséance qui existaient entre les médecins et les chirurgiens, et pour les chirurgiens entre eux, quelle était la situation de ces derniers vis-à-vis des hommes de guerre ?

En deux endroits de son Apologie (2), Paré nous apprend que le chirurgien était pourvu d'un

(1) Manuscrit de M. Hierosme de la Noue, fol. 129.
(2) Œuvres complètes, etc., p. 690 et p. 722.

cheval et d'un domestique. Les médecins militaires, à notre époque, ceux-là surtout qui sont
affectés au service des ambulances, ne sont pas toujours, malgré les règlements, aussi largement dotés.

Il me paraît rationnel de penser que le chirurgien de compagnie, pourvu d'un cheval et d'un
suivant, se trouvait sur le pied des officiers. Mais
il était, à n'en pas douter, traité comme un officier
subalterne ; c'est du moins ce que je conclus d'un
passage de Paré qui nous apprend quelque part,
qu'un certain maître Louis de la Côte-Saint-André,
chirurgien ordinaire du Roi, c'est-à-dire un personnage qui n'était pas le premier venu, avait pour
camarade de lit un valet de chambre du Roi, fils
d'un barbier (1).

Pourtant, il faut ajouter que souvent la position
officielle du chirurgien se mesurait à son mérite.
Cela est tellement vrai, qu'au siége d'Hesdin, Paré
fut appelé au Conseil de guerre avec les capitaines
et les gentilshommes, pour décider, par sa signa-
ture, de la reddition de la place (2).

De nos jours existe, entre le corps de santé et
les autres corps de l'armée, une assimilation qui
règle la position du médecin. Et, si des réclama-
tions nombreuses, réitérées, se font entendre, elles
ont trait, non à la situation personnelle de l'officier
de santé, mais à la rélégation du corps dans le
cadre des agents d'exécution subalternes.

(1) OEuvres complètes, t. III, p. 699.
(2) Ibid. t. III, p. 711.

Et puisque l'occasion se présente de toucher cette grave question, laissez-moi vous dire quel préjudice cette situation crée aux intérêts du service sanitaire des armées.

Ah ! sans doute, au XVIᵉ siècle tout était à faire, et les plaintes du bon Paré, au sujet du manque de chirurgiens, de médicaments, d'aliments, de linge, d'emplacements pour les « pauures blessés » (1), tout en apitoyant les cœurs les plus endurcis, devaient rester sans effet devant l'organisation rudimentaire qui existait alors.

Sans doute, si vous comparez l'organisation actuelle à celle des temps passés, elle excitera toute votre admiration. Mais si vous la jugez d'après les besoins réels, d'après ce qui se passe autour de nous, combien ne faudra-il pas rabattre de votre enthousiasme !

Laissez-moi vous le dire, Messieurs, le système à l'ombre duquel vit ou plutôt se meurt le service de santé de notre armée est un système déplorable.

La vérité commence à se faire jour. Le sentiment public, qui se laisse trop souvent entraîner et passionner pour la guerre, demande à l'heure qu'il est des comptes à ceux qui l'ont conduite comme à ceux qui l'ont déclarée. La statistique, cette incorruptible institutrice, nous apporte des documents que nous ne pouvons récuser ni méconnaître ; elle fait le relevé de ces pertes effroyables sur les-

(1) OEuvres complètes, etc, t. III, p. 710 et passim.

quelles la victoire peut jeter un voile, mais que la défaite rend toujours plus sensibles.

La Crimée nous a coûté plus de 95,000 soldats, l'Italie près de 8,000 ! Saura-t-on jamais ce qui a coulé du plus pur de notre sang dans la funeste campagne de 1870-71 ?

Et dans cet amoncellement de victimes, quelle est la part qui incombe au fonctionnement vicieux de notre service sanitaire ?

Sachez-le bien, Messieurs, je ne viens pas ici incriminer les personnes ; comme tous les officiers de l'armée française, les membres de l'intendance font noblement leur devoir ; ils savent mourir, lorsque l'ordonne le salut de la patrie.

Aujourd'hui étranger au service de santé militaire, je ne saurais d'autre part être accusé de me laisser influencer par l'état de sujétion révoltante d'un corps qui compte tant d'illustrations parmi les siens.

Je n'ai en vue que les intérêts de l'armée, qui sont ceux de la patrie : *Salus populi, suprema lex.*

Eh bien ! si vous voulez être instruits, prenez connaissance des admirables et gigantesques travaux du Dʳ Chenu (1).

De cette étude se dégagera pour vous la condamnation sans appel du régime qui nous gouverne.

Vous y verrez la médecine militaire prévoir et prédire l'éclosion des maladies qui décimaient nos

(1) Dʳ Chenu : Statistiques des guerres de Crimée, d'Italie, etc.

armées ; vous la verrez s'épuiser en stériles efforts
pour obtenir de l'intendance, qui la sépare **du**
commandement comme une infranchissable bar-
rière, les mesures propres à éviter les catastrophes.
Vous la verrez, avec un personnel insuffisant, sans
les ressources nécessaires, se dévouer à son
ingrate besogne, et payer de la vie des siens des
errements qu'elle condamnait ; vous verrez enfin à
quoi peut aboutir, ainsi que l'a dit, avec sa légitime autorité, le docteur Chenu, « la direction
« laissée à l'incompétence, et le contrôle dans
« les mêmes mains que la direction » (1).

Il est, dans l'art militaire, un principe qui me
paraît singulièrement méconnu de nos jours ; c'est
qu'il ne suffit pas de conduire vaillamment au feu
de vaillants soldats ; il faut, avant tout, savoir
conserver les troupes, pour présenter au combat
le plus fort contingent possible ; c'était l'opinion du
maréchal Bugeaud, et l'autorité de ce grand
homme de guerre doit avoir quelque poids.

Ce n'est pas le feu de l'ennemi qui est le plus à
craindre en campagne : sur les 95,000 héros
dont les cendres reposent sur la terre de Crimée,
et en Turquie, ou qui sont revenus mourir sur le
sol de la patrie, 20,000 seulement ont été tués ou
sont morts des suites de leurs blessures. Les
maladies, les privations, l'absence de précautions
hygiéniques tuent dix fois plus de soldats que le
fer et le plomb : telle mesure anti-hygiénique

(1) Chenu. De la mortalité dans l'armée. — Paris, 1870.

amène plus de désordres que plusieurs batailles rangées.

Qui donc est le plus compétent pour prévoir et prévenir de semblables malheurs, de l'intendant ou du médecin ? Quand donc serait-il plus urgent d'y songer qu'à notre époque où le nombre fait la force et souvent décide de la victoire ?

C'est ce qu'ont bien compris les Anglais après l'expérience funeste de leur premier hiver devant Sébastopol ; c'est ce qu'ont saisi du premier coup d'œil les Américains au début de la guerre mémorable de la Sécession ; c'est ce que savaient les Prussiens dont l'organisation sanitaire excitait chez ceux qui l'ont pu voir de près autant d'envie que leur organisation militaire.

Et si, dans les armées dont je vous parle, ont été obtenus des résultats qui ne seront peut-être jamais surpassés, c'est qu'elles ont su confier aux seuls hommes compétents, aux médecins, la solution des plus graves questions qui intéressent le salut des armées.

Mais je m'aperçois que je me laisse encore entraîner. Que voulez-vous, Messieurs, ce soldat, que j'ai vu si héroïquement combattre, si noblement souffrir, si généreusement mourir, j'ai appris à l'aimer ; et dût ma voix ne trouver d'écho que dans vos cœurs, je dirai chaque fois que je le pourrai ce que l'expérience m'a enseigné sur les causes de ses souffrances !

Je reviens à mon sujet.

Qu'il suive les troupes sur les champs de bataille, ou s'enferme avec elles dans les villes assiégées, il arrive souvent au chirurgien d'armée de tomber entre les mains de l'ennemi. Quelle était au seizième siècle la condition du chirurgien prisonnier de guerre ?

Les prisonniers de ce temps étaient diversement traités suivant leur rang.

Les personnages de distinction étaient soigneusement gardés pour être mis à rançon : leur vie était précieuse à l'ennemi, et après le combat l'on entourait cette catégorie de captifs des soins les plus empressés. Pour n'avoir pu sauver le seigneur de Martigues, blessé à la poitrine par un boulet, et tombé entre les mains des Impériaux, lors de la prise d'Hesdin, A. Paré faillit encourir la colère du duc de Savoie, qui pleura de rage de se voir frustré d'une si riche proie (1).

Quant aux combattants de moindre valeur, leur sort variait suivant les circonstances. Si parfois ils avaient la vie sauve, trop souvent aussi ils étaient massacrés lors des prises d'assaut, plus fréquentes que de nos jours, ou pendus aux créneaux des murailles qu'ils étaient coupables d'avoir trop bravement défendues. Quelquefois même, témoin certaines anecdotes de Paré (2), on les soumettait à un raffinement de tortures que ma plume se refuse à décrire ; et certes, il est peu

(1) OEuvres complètes, etc., t. III, p. 714.
(2) Ibid., p. 712.

d'historiens qui nous ait retracé d'une façon plus fidèle, avec une plus horrible naïveté que notre chirurgien, les atrocités de ces guerres du seizième siècle.

La potence pour les misérables, la ruine pour les plus fortunés, telle était trop souvent la perspective qui s'offrait aux prisonniers, et qui fit plusieurs fois trembler A. Paré.

Rien n'est plus curieux, pour en citer un trait en passant, que le chapitre où il raconte ses perplexités après la prise d'Hesdin.

Dans la crainte d'être reconnu comme chirurgien du Roi et d'être soumis à une grosse rançon, il échange ses riches vêtements, la saie de velours, le pourpoint de satin et le manteau de fin drap, contre les haillons d'un soldat ; il se barbouille de suie, et s'affuble de telle façon qu'on l'eût « plustost « prins pour vn ramonneur de cheminée que pour « vn Chirurgien de Roy (1). »

Mais bientôt les commissaires chargés d'élire les prisonniers arrivent dans la ville, et dans la crainte d'être confondu avec la soldatesque et de se voir couper la gorge, il se ravise et se déclare chirurgien.

Les chirurgiens étaient par conséquent de ceux qu'on acceptait à rançon.

A notre époque, Messieurs, on s'est beaucoup occupé de ce que devait devenir le personnel du service sanitaire fait prisonnier de guerre ; et

(1) OEuvres complètes, t. III, p. 711.

c'est la convention internationale de Genève,
signée en 1864 entre les représentants des puis-
sances européennes, qui fait loi en pareille matière.
Elle a établi la neutralité du personnel des services
sanitaires : c'est un progrès, cela est vrai.

Cette convention a résolu à l'honneur de l'humanité et au bénéfice du vaincu, le problème
qu'A. Paré soulevait, il y a plus de trois siècles,
en ces quelques mots : « Cependant ie fis vn dis-
« cours en mon âme, si ie deuois faire le niais,
« et ne me donner à connoistre estre Chirur-
« gien, *de peur qu'ils ne me retinssent pour penser*
« *leurs blessés.* » (1)

Mais je me suis toujours demandé en quoi cette
convention avait modifié la situation des blessés
eux-mêmes. Au reste, elle présente son mauvais
côté.

Si le principe de la neutralité du personnel sanitaire en temps de guerre est une chose excellente,
que de difficultés à la mettre en pratique dans le
tumulte des batailles ! Le drapeau et le brassard à
croix rouge n'ont-ils jamais protégé que des am-
bulanciers, et un ennemi sans conscience ne peut-
il masquer sous ces emblèmes un espionnage
indignement organisé ?

Déjà au XVIᵉ siècle se dressait cette question
de l'espionnage réalisé par les neutres. C'est Paré
lui-même qui nous l'apprend. Après la bataille de
Saint-Quentin, il est adressé par le Roi au maréchal

(1) Ibid. p. 721.

de Bourdillon , afin d'obtenir du duc de Savoie l'autorisation d'aller panser monsieur le Connétable , grièvement blessé. « Mais , écrit notre « auteur, iamais le duc de Sauoye ne voulut con- « sentir que i'allasse vers ledit seigneur le « Connestable, disant qu'il ne demeureroit sans « Chirurgien : et qu'il se doutoit bien que ie n'y « fusse allé seulement pour le penser , mais « plustot pour bailler quelque aduertissement audit « seigneur le Connestable, et qu'il sçauoit que ie « sçauois bien faire autre chose que de la Chirur- « gie, et qu'il me connoissoit pour auoir esté son « prisonnier à Hédin. (1) »

Nous avons, sous la conduite de Paré, suivi pas à pas le chirurgien d'armée du XVIᵉ siècle. Nous avons vécu de sa vie, nous en avons appris les devoirs et les dangers : le moment me paraît venu de vous dire quelles étaient les récompenses qu'il pouvait ambitionner.

Dans le cours de sa carrière militaire, A. Paré obtint successivement les titres de chirurgien ordinaire, de premier chirurgien et conseiller du Roi. Il avait atteint le faîte des honneurs auxquels il pouvait prétendre.

Les choses se passent de même aujourd'hui, et lorsqu'il y avait des monarques en France, les rois et les empereurs ont bien souvent choisi dans l'armée leurs médecins et leurs chirurgiens.

Mais *non omnibus licet adire Corinthum*. De nos

(1) OEuvres complètes, etc., t. III, p. 720.

jours, le médecin d'armée qui a bien mérité de son pays trouve sa récompense dans l'avancement ou la croix de la Légion d'Honneur. Et, malgré les injustes restrictions que certains gouvernements avaient cru devoir imposer au corps de santé des armées, l'on peut dire aujourd'hui que nos médecins militaires peuvent *aspirer* à tous les grades de notre ordre national. Je ne sache pas qu'au seizième siècle l'éperon de chevalier ait été accordé aux chirurgiens : il fallait pour le gagner verser le sang sur les champs de bataille.

Les récompenses pourtant ne leur manquaient pas : au lieu du caractère national qu'elles revêtent à notre époque, elles étaient alors le témoignage de la reconnaissance privée.

On peut dire que Paré en fut comblé. Il serait trop long et fastidieux de vous en faire l'énumération complète. Tantôt c'étaient de beaux écus sonnants qui lui venaient, soit des rois, soit des grands seigneurs, soit même des hommes d'armes et des archers de sa compagnie.

Dans d'autres circonstances ce sont des cadeaux qu'on lui fait : le seigneur de la Roche-sur-Yon lui envoie un jour « un tonneau de vin, plus gros qu'une pipe d'Anjou (1). » Un autre jour une dame de haut parage, la duchesse d'Ascot, tire un diamant de son doigt et lui en fait présent, en reconnaissance des soins qu'il avait donnés à son père.

(1) OEuvres complètes, etc. t. III, p. 702.

Mais sa récompense la plus flatteuse, celle qui devait être la plus douce à ce cœur si dévoué, c'étaient l'estime et l'affection que tous les gens de guerre lui avaient vouées. Comment vous dire l'enthousiasme qui accueillait l'arrivée de Paré dans les camps ou les villes assiégées? Les soldats se le disputaient et le portaient comme « vn corps sainct (1). » Les grands seigneurs blessés adressaient au Roi leurs supplications pour qu'il leur envoyât son chirurgien. Cette recherche ne lui souriait pas toujours : et bien souvent, comme il l'avoue ingénuement, il se chargeait à regret de sa mission, sachant combien les blessés qui réclamaient sa venue avaient peu de chances d'échapper à la mort (2).

Que de fois ne nous arrive-t-il pas d'assumer de lourdes responsabilités, à nous chirurgiens, qui savons que les personnes étrangères à l'art n'ont d'autre critérium pour nous juger que le succès où l'insuccès de nos efforts!

Il est de ces affections qui doivent fatalement tuer un malade, mais qu'une heureuse hardiesse peut sauver! Que faire? Laisser tranquillement le mal poursuivre son œuvre, ou s'exposer à voir un opéré périr entre ses mains dans une tentative qui sera peut-être qualifiée d'aventure?

Pour ma part, je crois, avec Paré, que le devoir doit primer toute autre considération. Lorsque

(1) OEuvres complètes, etc., t. III, p. 711.
(2) Ibid., p. 721 et 723.

l'indication existe, le chirurgien doit prendre sans sourciller le parti de l'intervention, dût-il encourir le reproche de témérité. Fais ce que dois, a dit le sage, advienne que pourra !

Les ennemis eux-mêmes se disputaient les soins du grand praticien et le circonvenaient pour l'attacher à leur service : mais, comme Hippocrate refusant les présents d'Artaxercès, nous le voyons répondre au duc de Savoie que jamais il ne servirait les étrangers (1).

Jamais plus grande popularité n'entoura le nom d'un chirurgien, et c'était justice.

Ce que je vous ai dit de la vie privée de Paré dans les camps, ce que nous savons du dévouement et de la sollicitude que nuit et jour (2) il montrait à l'heure des batailles au service des blessés, suffirait à vous en convaincre. Vous en jugerez mieux encore lorsque j'aurai pesé devant vous la valeur scientifique de ce grand chirurgien.

Arrivé à ce point de mon labeur, je me sens écrasé par le mérite de mon héros ; et sous le poids de mon insuffisance, je ne puis que m'écrier avec Horace : *Nos conamur tenues grandia.*

Je vous ai dit, Messieurs, à quelle école se forma seul cet élève du barbier ; et quelle école que celle des combats !

Supposez réunies sur un seul homme, après une bataille, les blessures observées sur tous, vous ne

(1) OEuvres complètes, t. III, p. 7:6.
(2) Ibid., t. III, p. 709.

trouverez aucune parcelle de peau intacte, aucun lambeau de chair qui soit respecté, aucune portion d'os qui ne soit fracassée.

Les chirurgiens qui exerçaient avec lui aux armées ont vu comme lui cette œuvre du carnage ; lui seul sut y découvrir des secrets qui échappaient à tous, et qui devaient rendre sa mémoire impérissable.

Je ne puis vous raconter en détail les cures mémorables qu'il opéra : ses œuvres en sont pleines : et quelques-uns de ces faits ont franchi le domaine de la science chirurgicale et sont restés historiques ; témoin le fameux coup de lance que le duc de Guise reçut à travers la figure au siége de Boulogne, et qui lui valut le surnom de *Balafré* (1) ; témoin encore la blessure qui coûta la vie au roi de Navarre devant Rouen (2).

Ce qui peut exciter votre intérêt, ce sont les faits d'ordre général, qui ont imprimé un cachet particulier à la chirurgie de l'époque.

Parmi les découvertes que ce grand génie dut à la chirurgie d'armée, il en est deux surtout qui eussent suffi à immortaliser son nom : ce sont les méthodes qu'il fit connaître de panser les plaies par coups de feu, et d'arrêter les hémorrhagies à la suite des amputations.

Avant Paré, sur la foi de Vigo, que les plaies par armes à feu étaient envenimées, les chirur-

(1) OEuvres complètes, etc., t. III, p. 696.
(1) Ibid, t. III, p. 723.

giens les cautérisaient avec de l'huile de sambuc bouillante, à laquelle on mélangeait un peu de thériaque.

Paré fit d'abord comme ses maîtres et ses contemporains. Un beau jour, son huile vint à lui manquer et force lui fut d'appliquer un onguent, faute de mieux.

Vous figurez-vous, Messieurs, l'anxiété du jeune chirurgien, (il n'avait pas 20 ans), habitué à ne jurer que sur la parole du maître ? Il ne put en dormir de la nuit. Et quel est celui d'entre nous, j'en appelle à mes confrères, qui, au début de sa carrière, n'a pas eu sa nuit d'insomnie pour s'être vu forcé de transgresser les préceptes classiques ?

Il se leva de grand matin pour aller visiter les pauvres blessés qu'il croyait avoir si mal pansés. Quel ne fut pas son étonnement de les trouver en bon état, tandis que ceux qui avaient été traités par l'huile bouillante étaient en proie à l'inflammation et à la fièvre !

Ce fut un trait de lumière qu'il s'empressa d'accueillir. « Adonc, dit-il, ie me déliberay de « ne iamais plus brusler ainsi cruellement les pau- « ures blessés des harquebusades (1). » Ce fut à cette observation que la science dut une nouvelle doctrine et le premier traité de chirurgie sérieux sur les plaies par armes à feu (2).

De son temps encore on ne connaissait d'autre

(1) OEuvres complètes, etc., t. III, p. 691.
(2) Traité « des plaies par harquebuses », t, II, p. 143.

moyen que la cautérisation au fer rouge, pour arrêter l'écoulement du sang par les vaisseaux sectionnés après les amputations.

A. Paré, se révoltant contre cette coutume barbare, proposa de revenir à la méthode de la ligature, qui, quoique anciennement connue et employée, était tombée en désuétude (1). Et ce fut encore à l'armée qu'il eut, en 1552, l'occasion d'y recourir pour la première fois avec un plein succès (2).

Dieu seul peut savoir combien de milliers d'existences humaines ont été sauvées grâce au génie de Paré.

Il eut l'heureuse fortune, en effet, de voir immédiatement ses préceptes accueillis et suivis par la chirurgie de l'Europe entière. Et pourtant, si vous saviez toutes les luttes qu'il eut à soutenir de son vivant pour défendre sa doctrine, toutes les amertumes dont d'impudents adversaires essayèrent d'abreuver ce *bon vieillard,* ainsi qu'il se nomme quelque part ! Cela pourrait vous étonner, si vous ne connaissiez les imperfections et les défaillances du cœur humain.

La profession médicale touche à tant d'intérêts, que celui qui l'exerce avec honneur ne saurait passer inaperçu dans le cercle où il se meut.

Et si vous vous rappelez ce que je vous ai dit de l'état de la chirurgie au seizième siècle, vous

(1) OEuvres complètes, t. II, p. 441.
(2) Ibid., t, III, p. 698.

ne serez pas étonnés de l'émoi qui se produisit parmi les docteurs lorsqu'ils virent se lever cet astre nouveau dont l'éclat devait obscurcir les plus célèbres.

Ils ne lui ménagèrent pas leurs attaques, car c'est le sort du talent d'être en butte aux agressions de l'envie, et le génie lui-même ne saurait s'en affranchir.

Mais c'est aussi le propre du véritable mérite de s'imposer quand même ; il survit à l'injustice et grandit au milieu de la lutte. Que lui importe la calomnie ! Les dents du serpent s'usent sur la lime, et son venin ne saurait en attaquer l'acier.

La réponse de Paré à ses détracteurs eût pu se formuler en trois mots : « *Non omnis moriar!* »

Je ne finirais pas, Messieurs, si je voulais vous montrer toutes les perles que j'ai découvertes dans la partie de ses Mémoires, qui a trait à sa vie militaire. Envisagé comme historien, Paré donnerait lieu, j'en suis sûr, à une étude qui ne serait ni sans intérêt ni sans profit ; la balistique, la stratégie militaire trouveraient dans ces pages naïves des trésors à offrir aux amateurs des choses du passé : et votre Compagnie, Messieurs, ne compte-t-elle pas beaucoup de ces curieux de l'histoire ? Mais un semblable travail dépasse ma compétence ; et j'entends La Fontaine me crier à l'oreille : Ne forçons pas notre talent.

Pourtant pourrais-je vous parler de Paré sans vous signaler cet admirable récit du siége de Metz en 1552, qui marqua un des plus beaux faits de nos annales militaires ?

Vous me reprocheriez de ne pas vous avoir redit ce que firent nos pères à ces jours de notre gloire.

« C'estoit, dit Paré en parlant des troupes, leur « faire vne grande faveur de permettre de sortir « et de courir sus l'ennemy. » (1)

Et quant aux habitants, écoutez si, selon l'expression de Richerand, l'histoire de la Grèce et de la Rome antiques offrent un plus sublime tableau. « Ils estoient tous résolus que chacun « porteroit leurs thresors, bagues et ioyaux, « et leurs meubles les meilleurs et plus riches « et plus beaux, pour les brusler en la grande « place et les mettre en cendres, de peur que « les ennemis ne s'en preualussent et en fissent « trophée. Pareillement il y auoit gens qui eussent « eu charge de mettre le feu et brusler toutes les « munitions, ensemble d'effondrer aux caues tous « les vaisseaux à vins : autres de mettre le feu « en chacune maison, pour brusler nos ennemis « et nous ensemble. Les citoyens l'auoient ainsi « tous accordé, plustost que de voir le cousteau « sanglant sur leur gorge et leurs femmes et filles « violées et prendre à force par les Espagnols « cruels et inhumains. » (2)

Moi qui ai vécu au milieu de l'armée et des

(1) OEuvres complètes, etc., t. III, p. 703.
(2) Id., p. 706.

habitants de Metz pendant le siége de 1870, je n'ai pu retenir mes larmes en relisant ces pages. L'esprit de nos aïeux soufflait sur cette vaillante armée et cette héroïque population.

Et pourtant !... *Quomodo ceciderunt fortes ?*

Ceux qui dorment là-bas sur cette terre étrangère, mais toujours amie, témoignent par leur nombre de la bravoure de ceux qui leur ont survécu ; et nous, à notre tour, nous sommes les témoins de ces admirables citoyens, qui jettent aujourd'hui vers la patrie démembrée un regard d'espérance.

L'honneur est sauf assurément ; mais, hélas ! aujourd'hui allemande, Metz n'est plus Metz la pucelle !...

Il est un autre passage du récit de Paré qui m'a profondément impressionné : je vous en dirai tout à l'heure la raison. C'est celui où il raconte les péripéties de son voyage pour pénétrer dans la ville assiégée, où il était envoyé par le Roi : « Lorsqu'estions, dit-il, à huit ou dix lieues de « Mets, n'allions que de nuit : où estant près du « camp ie vis à plus d'vne lieue et demie des feux « allumés autour de la ville, ressemblant quasi « que toute la terre ardoit, et m'estoit aduis que « nous ne pourrions iamais passer au trauers de « ces feux sans estre découuerts, et par consé- quent estre pendus et étranglés, ou mis en « pièces, ou payer grosse rançon. » (1) La pers-

(1) OEuvres complètes, etc., t. III, p. 704.

pective était, vous en conviendrez, peu rassurante.

Il m'est arrivé un jour, Messieurs, dans ma carrière de médecin militaire, d'être obligé de traverser des lignes ennemies pour me rendre à mon poste.

C'était le 22 avril 1871, au moment de la Commune. Je quittais le Val-de-Grâce pour gagner l'armée de Versailles. Défense était faite aux hommes âgés de moins de 40 ans de sortir de la place, et vous pouvez m'en croire, à cette date les issues étaient bien gardées.

Lorsqu'après une première tentative infructueuse, je me vis saisi par les insurgés, et traîné le long des remparts de poste-caserne en poste-caserne, sans connaître le sort qui m'était réservé ; « i'eusse bien et volontiers voulu, comme Paré, « estre encore à Paris, pour le danger éminent « que ie preuoyois (1). »

L'intervention d'un officier fédéré me sauva ; malheureusement je n'ai jamais connu le nom de mon libérateur.

Je fus plus heureux le lendemain et parvins à m'évader.

Hélas ! je ne respirai que lorsque j'eus gagné les lignes prussiennes ! Je ne saurais vous redire, Messieurs, le cri de malédiction jeté contre Paris par ce médecin militaire, qui ne se trouvait à l'abri de l'aveugle fureur des siens, que sous la sauvegarde d'une sentinelle ennemie.

(1) Ibid. p. 701.

Aujourd'hui justice est faite. Pitié pour le pauvre peuple égaré ; mais haine éternelle aux doctrines subversives qui corrompent son cœur et obscurcissent son esprit.

Il est des hommes dont l'éloge est terminé quand on a célébré leurs talents ; pour moi, ma tâche n'est pas finie, car chez A. Paré les qualités du cœur s'alliaient aux dons du génie.

La vertu qui dominait chez ce chirurgien d'armée c'était son grand amour pour les « pauures blessés ». Ce serait une erreur de croire que l'aspect des champs de bataille endurcisse le cœur du médecin. Si la vue du sang, l'habitude d'entendre les cris de la douleur, le rendent impassible, et fortifient son sang-froid, ne criez pas à l'indifférence ; il ne fait que se dépouiller d'une *sensiblerie* qui ne pourrait qu'être funeste à ceux dont il répond.

Il faut lire tout ce qu'a écrit Paré, pour voir quelle immense compassion il éprouvait à l'égard des victimes de la guerre : chacune de ses pages est un plaidoyer en faveur du soldat blessé.

L'amour du blessé n'avait d'égal chez lui que l'amour de la science ; et la science n'était-elle pas l'arsenal où il puisait ses armes contre ces engins qui « pour en parler proprement et à la « vérité, comme il dit, surpassent en figures, en « cruauté, les choses que l'on sçauroit penser les « plus cruelles (1). »

(1) OEuvres complètes, etc., t. II, p. 123.

En voulez-vous quelques preuves. Il eut la patience de faire deux ans la cour à un chirurgien, de Turin, pour en obtenir une recette qui passait pour guérir merveilleusement les plaies faites par harquebuses, et il se déclare « bien ioyeux » d'avoir pu la connaître au bout de ce temps, à force d'or et de présents (1).

Autre part, il nous apprend que dans ses voyages il s'enquérait auprès des chirurgiens, avec qui le hasard lui créait des relations, des choses rares de leur pratique afin d'apprendre toujours quelque chose de nouveau (2).

Voyez-vous ce prince de la science qui ne dédaigne pas d'interroger les plus obscurs ! Quelle leçon de modestie ne donne-t-il pas à plusieurs !

Avec l'amour des blessés et de la science, il en avait un autre au cœur, c'était l'amour de Dieu.

Profondément religieux, il s'adressait à Dieu en faveur de ses blessés ; mais cette prière secrète, il la formulait au fond de son cœur, et ne songeait pas à faire de sa piété véritable une piperie à l'adresse des âmes pieuses. Un jour qu'il venait d'examiner un blessé, « ie m'en allay, dit-il, « promener en vn iardin, là où ie priay Dieu « qu'il me fit ceste grâce, qu'il guarist : et qu'il « bénist nos mains et les médicamens, à com- « battre tant de maladies compliquées (3) »,

(1) OEuvres complètes t. III, p. 691.
(2) Ibid. p, 733.
(3) Ibid. p. 727.

C'est lui qui a prononcé ces paroles que David a gravées au pied de sa statue ; « Ie le pensay, et Dieu le guarist. »

Faut-il ne voir dans ces mots, ainsi que quelques-uns l'ont voulu, qu'une profession de foi fataliste, qui permettrait au chirurgien, une fois la blessure pansée, de se croiser les bras, en attendant l'intervention de la Divinité.

Toute la vie et toute la doctrine de Paré se dressent contre une semblable interprétation. Paré fataliste ! lorsqu'il a par sa seule observation prévu les principes qui dirigent la science moderne. N'est-ce pas lui qui a écrit : « Il « ne suffit au Chirurgien de faire son deuoir « enuers les malades, mais il faut que le malade « face le sien, et les assistans et *les choses* « *extérieures ?* (1) »

Les choses extérieures ? Mais l'idée de la science hygiénique, sans laquelle il ne saurait y avoir de salut pour les armées, était en germe dans ces deux mots, si les docteurs de l'époque avaient su observer comme cet apprenti barbier.

N'est-ce pas lui encore qui signalait, au siége de Rouen, cet « air si malin, qui estoit cause que « plusieurs mouroient, voire de bien petites « blesseures ? (2) »

La parole de Paré était l'acte de foi d'un chrétien à l'intervention divine dans le gouvernement

(1) OEuvres complètes, etc., t. III, p. 711.
(2) Ibid., t. III, p. 723.

des choses de ce monde, et rien autre chose ;
mais ce chrétien savait aussi qu'il faut s'aider soi-
même pour que le ciel nous aide.

Il n'est pas jusqu'à des qualités plus modestes et
plus intimes dont nous ne trouvions la trace dans
ses mémoires.

Si, malgré les fatigues et les souffrances qu'il
nous rapporte avoir endurées à la guerre, il sut
arriver jusqu'à une longue vieillesse (près de
75 ans), il le dut à la pratique scrupuleuse des
règles de l'hygiène. C'est ainsi qu'en nous parlant
des festins que les gentilshommes des Flandres
lui offrirent à l'occasion de la guérison du duc
d'Ascot, il nous raconte qu'il ne se départit jamais
de sa sobriété habituelle. « l'estois à table, dit-il,
« tousiours au haut bout, là où tout le monde
« beuuoit carous à luy et à moy, pensans m'e-
« nyurer, ce qu'ils ne sceurent ; car ie ne beuuois
« que comme i'auois accoustumé (1). »

Enfin ce front sévère, si empreint de la gravité
des sentiments qui agitaient son âme, ne se déri-
dait-il jamais ? Cet œil, dans lequel se reflétait la
grandeur des conceptions, ne perdait-il jamais de
l'austérité de son regard ? Assurément, Messieurs,
Paré savait sourire ; il riait même à l'occasion ;
j'en jure par ses écrits, où vous pourriez en maints
endroits vous délecter de ce vrai sel gaulois, dont
nos pères firent jaillir la source.

Je vous ai montré quelles furent l'indépen-

(1) OEuvres complètes, t. III, p. 732.

dance et la fermeté de son caractère, en vous disant
sa fière réponse au duc de Savoie ; ces qualités le
suivirent jusqu'au bout de sa carrière. Il en donna
une dernière preuve quatre mois avant sa mort
lors de l'investissement de Paris par Henri IV. Au
lendemain d'une émeute, dans laquelle le peuple
demandait du pain ou la paix, et qui avait valu la
potence aux principaux meneurs, il rencontra dans
la ville l'archevêque de Lyon, l'un des plus enra-
gés ligueurs, et osa lui crier : « Monseigneur,
« ce pauvre peuple que vous voyez ici autour de
« vous meurt de mal rage de faim, et vous
« demande miséricorde..... Voyez-vous pas que
« Paris périt au gré des méchants qui veulent
« empêcher l'œuvre de Dieu, qui est la paix ? »

Le langage de ce « bonhomme » étonna l'archevêque et le laissa sans réponse. (1)

Tel il était dans ses actes, tel il fut comme
écrivain. Tout respire la vérité dans ses récits :
on peut en juger par le soin avec lequel il raconte
les moindres incidents de sa vie militaire, alors
même qu'ils semblent le moins à son honneur.

Le beau, a dit Platon, est la splendeur du vrai :
voilà pourquoi l'œuvre de Paré, de cet esprit
inculte, qui écrivit sans avoir appris l'art d'écrire,
restera comme un monument digne de l'admiration
des siècles. Il aurait pu s'écrier avec le poète :
Exegi monumentum ære perennius. Mais il est,

(1) Malgaigne, introduction aux œuvres de Paré, p. ccxciv
et ccxcv.

comme toujours, plus modeste : « Mon discours est véritable, » s'est-il borné à dire à ses ennemis, et la postérité a ratifié le jugement qu'il avait lui-même porté sur son œuvre.

Tel fut, Messieurs, Ambroise Paré, envisagé comme chirurgien d'armée. Puisse cette étude, qui est une nouvelle marque d'affection pour le corps dans lequel j'avais trouvé, suivant l'expression d'un de nos plus vénérés confrères (1), honneur et bonheur, obtenir vos suffrages, comme le premier témoignage du prix que j'attache à la faveur que vous m'avez faite !

(1) Dr Alexandre : Discours de rentrée à l'École de Médecine, 1873-74.

Amiens, imp. H. YVERT.

76

www.ingramcontent.com/pod-product-compliance
Lightning Source LLC
LaVergne TN
LVHW022033080426
835513LV00009B/1026